Lothar Giesche · Manfred Bausch

Bastelspaß mit der Laubsäge

Mit Schnittmusterbogen für viele Modelle in Originalgröße

FALKEN VERLAG

Inhalt

CIP-Kurztitelaufnahme der Deutschen Bibliothek

Giesche, Lothar:
Bastelspaß mit der Laubsäge: mit Schnittmusterbogen für viele Modelle in Originalgröße / Lothar Giesche; Manfred Bausch. — Niedernhausen/Ts. : Falken-Verlag, 1985.
ISBN 3-8068-0741-8

NE: Bausch, Manfred

ISBN 3 8068 0741 8

Titelbild: Studio Burock, Wiesbaden
Fotos: Studio Burock, Wiesbaden; Peter Schumacher, Hofheim
Zeichnungen: Edith Kuchenmeister, Bad Schwalbach (S. 8); Helmut Nowey, Winkelhaid; PEBARO, Wuppertal; Vera Wilde, Wiesbaden (S. 4)

Gesamtproduktion: Falken-Verlag GmbH, D-6272 Niedernhausen/Ts.

817 2635 4453 6271

Wissenswertes über Holz

Holz ist einer der vielseitigsten und ältesten Werkstoffe der Menschheit. Die Anfänge der Holzbearbeitung mit Keilen, Äxten und Messern aus Feuerstein reichen bis in die jüngere Steinzeit zurück.

Etwa um 2000 v. Chr. (Bronzezeit) kamen Sägen, Meißel und Feilen auf, und zur Zeit des Römischen Reiches kannte man bereits die meisten der heute noch gebräuchlichen Handwerkzeuge der Holzbearbeitung.

Der Mensch lernte also schon sehr früh, Holz zu formen und zu gebrauchen.

Alle Eigenarten des Holzes haben ihre Ursache in der Uneinheitlichkeit des Zellaufbaus. Seine Festigkeit ist abhängig von der Länge und Richtung dieser Zellen, von Raumgewicht und Feuchtigkeit. Da jede Holzart noch eine charakteristische Farbe und Maserung besitzt, ist Holz zweifellos einer der vielseitigsten Werkstoffe, die es gibt.

Als »Massivholz« bezeichnet man alles Holz, welches so verarbeitet wird, wie es uns die Natur liefert. Da Holz aber ein »lebendiges« Material ist, unterliegt es gewissen Formveränderungen: Es »arbeitet«. Um dieses Arbeiten des Massivholzes weitgehend auszuschalten, wurde ein Werkstoff entwickelt, dessen Ausgangsmaterial zwar Massivholz bildet, das ansonsten aber »tote« Materie ist. Bei diesem Material handelt es sich um das für uns Laubsägebastler so wichtige Sperrholz.

Eiche

Ahorn

Esche

Birke

Fichte

Buche

Kiefer

Sperrholz

Das Sperrholz besteht aus einer ungeraden Anzahl (3, 5, 7, 9 oder mehr) gleich starker Holzlagen. Diese Holzschichten (auch: Furnierschichten) werden so übereinandergeleimt, daß sich ihre Faserrichtungen jeweils kreuzen. Durch die Kraft des Leimes wird das Arbeiten der dünnen Furnierschichten unterbunden — sie sind gegeneinander »abgesperrt«.

In der Sperrholzplatte ist die Struktur des Massivholzes erhalten. Die Deckschichten können aus Ahorn, Birke, Buche, Eiche, Esche, Fichte, Kiefer usw. bestehen.

Die Qualität des Sperrholzes richtet sich nach dem Deckfurnier. Die höchste Güteklasse I hat ein fehlerfreies Furnier. Die Klasse II weist einige Fehlerstellen wie kleine Astansätze auf. Bei der Güteklasse III dürfen die Sperrholzplatten neben Astansätzen noch andere Fehler haben, die mit Holzkitt ausgeflickt werden.

Am gebräuchlichsten für Laubsägebastler ist die Güteklasse II/III mit einer guten und einer ausgeflickten Seite.

Unterschiedlich dicke Sperrholzplatten

Verschiedene Güteklassen: I, II, III(von oben)

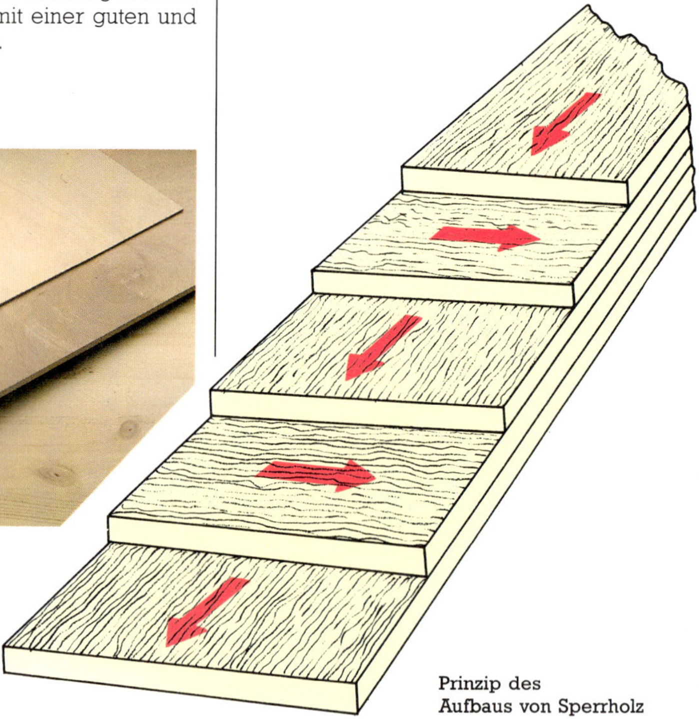

Prinzip des Aufbaus von Sperrholz

Benötigte Werkzeuge

Zum erfolgreichen Umgang mit der Laubsäge braucht man nicht nur den Werkstoff »Holz«, sondern natürlich auch Werkzeuge, um diesen Werkstoff bearbeiten zu können.

Beim Kauf von Bastelwerkzeugen sollte bedacht werden, daß man damit ja relativ kleine und feine Arbeiten ausführen will. Die Werkzeuge müssen also dementsprechend dimensioniert sein.

Sie werden heute als ganze Sets angeboten (etwa von PEBARO = *Pe*ter *Ba*usch *Ro*nsdorf): Laubsägebogen, ein Sortiment von Sägeblättern, der zum Sägen benötigte Sägetisch und die dazugehörigen ein oder zwei Schraubzwingen befinden sich in einem kleinen Werkzeugkasten.

Zu den unentbehrlichen Werkzeugen gehören ferner Lineal oder Meterstab, Bleistift, Hammer, Raspeln (mittelfein, flach und rund), Drillbohrer oder Bohrmaschine, Bohrer, Kaltleim (Ponal), Sandpapier mit mittlerer und feiner Körnung sowie Pinsel, Farben und Lacke.

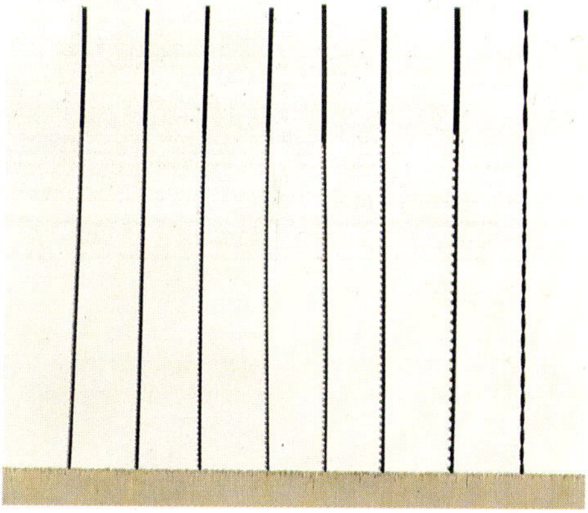

Grobe Sägeblätter (rechts) werden für weiches Holz bzw. Grobschnitte verwendet, mittlere und feine Sägeblätter für hartes Holz bzw. Filigranschnitte sowie für Kunststoff und Metall (links).

Kompletter Werkzeugschrank

Die unentbehrlichen Werkzeuge und Farben zum Laubsägen

Übertragen des Bauplans

Vor Beginn der Laubsägearbeiten sollten *alle* Einzelteile des zu bastelnden Werkes in Originalgröße vom Bauplan auf die Sperrholzplatte übertragen werden, um eventuelle Flickstellen nicht als Schnittkanten zu haben.

Man markiert immer die einwandfreie Seite des Sperrholzes und legt diese beim Aussägen auch stets nach oben, damit sie nicht aussplittert.

Vergrößern oder Verkleinern einer Abbildung

Eine Abbildung kopiert man, indem man sie auf Transparentpapier nachmalt oder abpaust. Soll die Abbildung aber verkleinert oder vergrößert werden, bewerkstelligt man dies am genauesten und leichtesten mit einem Raster.

Man zeichnet ein Netz von Bleistiftstrichen — waagerechte und senkrechte Linien — auf ein Transparentpapier, das man auf der Abbildung, die man verkleinern oder vergrößern will, mit Reißzwecken befestigt.

Nun kann man die Vorlage beliebig verkleinern oder vergrößern, indem die Karos auf der Kopie verkleinert bzw. vergrößert werden. Sämtliche Punkte, an denen sich die Musterlinien mit den Rasterlinien kreuzen, werden markiert und dann miteinander verbunden.

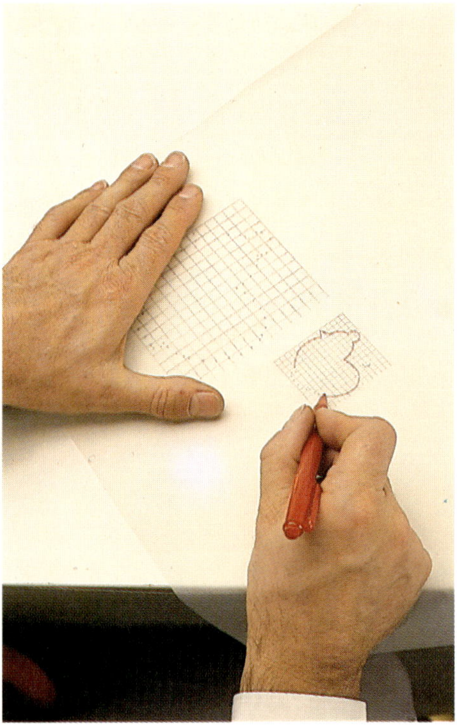

In unserem Beispiel soll die kleine Abbildung maßstabsgetreu — im Verhältnis 1:2 — vergrößert werden. Man zeichnet dazu ein Raster auf die Vorlage und vergrößert dies auf das Dreifache. Nun werden im großen Raster alle Punkte, die eine Rasterlinie schneiden, markiert. Genau wie in der kleinen Abbildung werden dann alle Punkte miteinander verbunden. Man kann im Interesse größerer Genauigkeit zusätzliche Punkte innerhalb der Kästchen als Hilfsmarkierung benutzen.

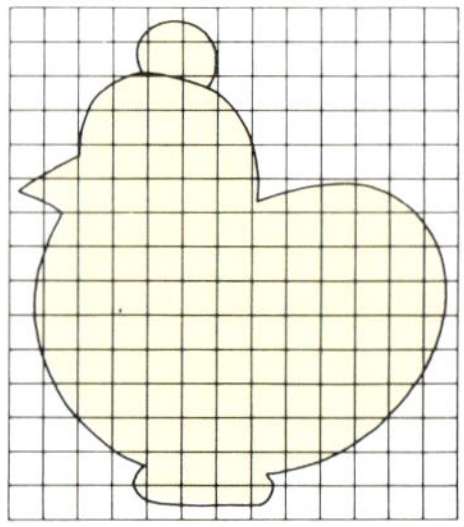

Voraussetzungen und Vorbereitungen. Aussägen, Abschleifen, Ausbessern und Verleimen

Bevor man mit dem eigentlichen Laubsägen beginnt, sind noch einige Dinge zu beachten. Man sollte zunächst für einen ausreichend und — wenn möglich — schattenlos beleuchteten Arbeitsplatz sorgen. Des weiteren ist die richtige Tisch- bzw. Sitzhöhe sehr wichtig, damit ein allzu rasches Ermüden vermieden und ein müheloses Sägen ermöglicht wird.

Mit einer oder (besser) zwei Schraubzwingen wird nun der Sägetisch an einer Tischplatte (Arbeitsplatte) befestigt.

Das Sägeblatt wird nach der Dicke des Sperrholzes bzw. der Art des Aussägens ausgewählt. Dabei ist zu beachten, daß die Zähne des Sägeblatts immer nach unten — d.h. in Richtung Sägegriff — zeigen. Außerdem sollten die Flügelmuttern der Klemmbacken ausschließlich mit der Hand angezogen werden — niemals mit der Zange!

Wenn man Innenformen aussägen will, wird mit dem Drillbohrer ein Loch zum Durchstechen des Sägeblatts gebohrt.

Nun wird durch dieses Loch das Sägeblatt gesteckt und mit dem Laubsägebügel verschraubt.

Das auszusägende Werkstück wird vollkommen eben auf den Sägetisch gelegt und mit der Hand so festgehalten, daß es nicht verrutschen kann.

Die Laubsäge, deren Bogen parallel zum Unterarm gehalten wird, soll locker gefaßt und dann mit wenig Druck möglichst gleichmäßig auf und ab bewegt werden.

Mit der Laubsäge kann man feinste Sägeschnitte, kleinste Durchbrüche und gewagte Kurvenführungen bewältigen. Dabei wird immer nur das Sperrholz gedreht und bewegt; die Laubsäge verbleibt stets in der gleichen Richtung.

Wenn nun eine sehr weiche Sperrholzart verarbeitet werden soll, empfiehlt es sich, unter dem auszusägenden Werkstück eine dünne Sperrholzplatte anzunageln oder mit Schraubzwingen zu befestigen, um ein Aussplittern des Werkstücks nach unten zu verhindern.

Die dünne Sperrholzplatte sollte aber größer sein als der Sägetisch, damit ein Verkanten des Werkstückes vermieden wird.

Nach dem Aussägen der einzelnen Werkstücke müssen diese überarbeitet und ausgebessert werden.

Bei geraden Kanten ist das verhältnismäßig einfach. Man legt einen Bogen Sandpapier auf eine Arbeitsplatte und bewegt das ausgesägte Werkstück hin und her. Kleine, vom Sägen herstammende Unebenheiten können mit dieser Methode beseitigt werden.

Zum Entgraten (Abgraten) gerader Kanten stellt man das Werkstück in einem Winkel von etwa 30° bis 45° zum Sandpapier auf und bewegt es ebenfalls hin und her.

Das Entgraten von Durchbrüchen und Konturen erfolgt mittels eines Streifens Sandpapier.

Durch das Sägen ausgebrochene Stellen oder kleine Schadstellen in den Oberflächen der Sperrholzplatten bessert man mit Knetholz (»flüssigem Holz«) aus.

Zum Verleimen mehrerer Werkstücke verwendet man Kaltleim (Ponal) oder einen Alleskleber. Bei Sperrholzkanten sollte man beachten, daß sie sehr viel Leim aufsaugen. Deshalb versieht man sie mit einer dünnen Schicht Leim, läßt diese trocknen und trägt dann eine zweite Schicht auf.

Die Handhabung der Werkzeuge und die wichtigen Techniken zeigen Ihnen die Fotos der folgenden Doppelseite.

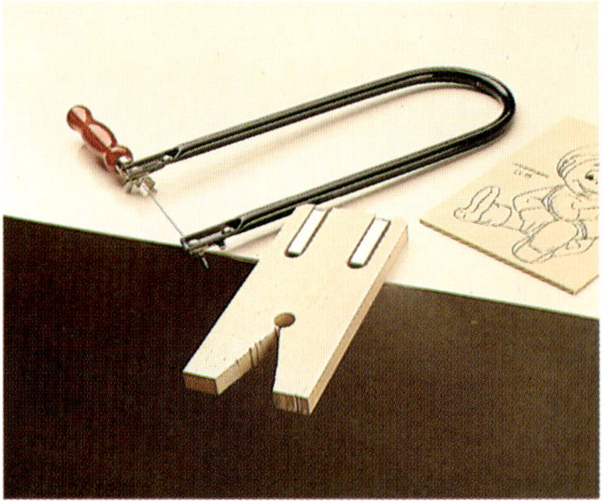

1. Der Tisch ermöglicht ein sauberes und ungehindertes Führen der Säge.

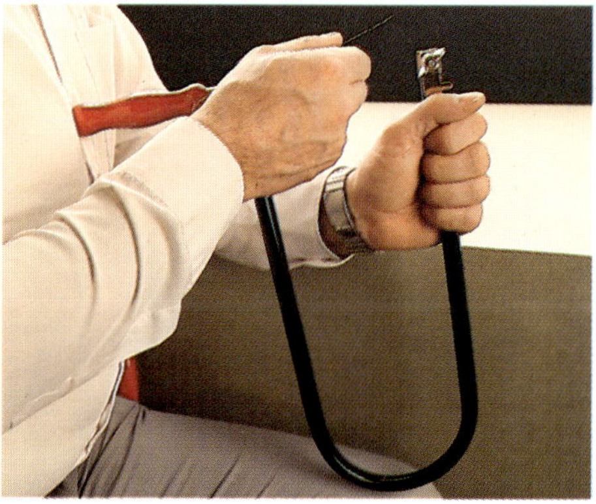

2. Das Sägeblatt unter leichter Spannung des Sägebügels einlegen.

3. Vorbohren von Innenformen mittels Drillbohrer durch eine auf- und abgleitende »Nuß«, die den Bohrer abwechselnd in Links- und Rechtsdrall versetzt.

4. Das Sägeblatt wird am Griffstück befestigt, durch das vorgebohrte Loch gesteckt und dann erst oben eingespannt.

5. Das Sägeblatt muß sich bei richtiger Sägehaltung im rechten Winkel zur Oberfläche der Sperrholzplatte befinden.

6. Die untergelegte Sperrholzplatte verhindert ein Aussplittern des Werkstückes.

7. Beim Überarbeiten gerader Kanten Sandpapier vollkommen eben auflegen.

8. Beim Entgraten ist darauf zu achten, daß nicht zuviel abgeschliffen wird.

9. Mit einer Hand wird das Werkstück, mit der anderen Hand das Sandpapier an den Konturen vorsichtig hin und her bewegt.

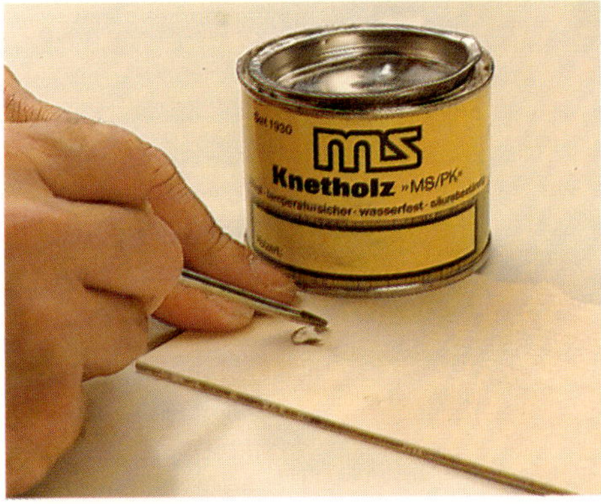

10. Nach dem Ausbessern mit Knetholz, wie es auf dem Foto zu sehen ist, müssen die Reparaturstellen mit Sandpapier abgeschliffen werden.

11. Die Leimschichten werden gleichmäßig auf die Sperrholzkanten aufgebracht.

Schlußbehandlung

Da Sperrholz trotz der vorhandenen Maserung verhältnismäßig ausdruckslos aussieht und um es vor Verschmutzungen und Feuchtigkeit zu schützen, unterzieht man die ausgesägten Werkstücke in den meisten Fällen einer Oberflächenbehandlung. Im wesentlichen gibt es zwei Arten der Schlußbehandlung, die sich besonders für Laubsägearbeiten eignen: das farbige Ausmalen und das Überziehen mit Klarlack.

Zum Bemalen der ausgesägten Objekte verwendet man schnell trocknende Plaka- oder Acrylfarben.

In den meisten Fällen genügen die Farben Weiß, Gelb, Blau, Rot und Schwarz, die durch Mischen eine Vielzahl von Pastellfarben und Abtönungen ergeben.

Plakafarben kann man je nach Geschmack mit Klarlack matt, seidenmatt oder glänzend überziehen.

Acrylfarben haben die gleichen charakteristischen Eigenschaften wie Ölfarbe, trocknen aber im Gegensatz zu diesen schon im Verlauf einer Stunde und brauchen nicht nachbehandelt zu werden. Will man aber Struktur und Maserung des Holzes bewahren, streicht (oder spritzt) man die Einzelteile lediglich ein- oder zweimal mit Klarlack, und die Natürlichkeit des Holzes bleibt erhalten.

Schließlich sei das Beizen — gleich ob mit Hilfe von Wasser-, Spiritus- oder Wachsbeizen — erwähnt, das jeglicher Holzart zu einem intensiven Farbton verhilft.

Lasiert, natur, bemalt (von links)

Motivvorschläge und Arbeitsanweisungen

»Eislecker«

Benötigtes Material

- Sperrholzplatte, ca. 200 x 130 mm groß und 3—4 mm dick
- Transparentpapier
- Pauspapier
- Bleistift
- Filzstift
- Laubsägeblätter (grob)
- Holzschleifpapier
- Plakafarbe oder Acrylfarbe nach Wahl
- Lack (farblos)
- Textilaufhänger

Arbeitsschritte

Man nimmt das Transparentpapier, legt es auf die Figur und zeichnet alle durchscheinenden Linien nach. Dieses Papier benutzt man nun als Vorlage zum Übertragen der Figur auf das Sperrholz. Auch ein Vergrößern oder Verkleinern ist möglich (vgl. S. 8).

Nun wird ein Bogen Pauspapier zwischen das Sperrholz und die Vorlage gelegt und mit Reißzwecken befestigt, um ein Verrutschen zu verhindern. Nachdem sämtliche Linien mit einem Bleistift nachgemalt wurden, kann man mit dem eigentlichen Aussägen beginnen.

An dieser einfachen Figur werden nur die Umrisse ausgesägt, die Kanten werden zuerst mit einem groben, dann mit einem feinen Schleifpapier geglättet. Mit einem sauberen Lappen wird der feine Holzstaub entfernt.

Als nächstes kann die Figur nach eigenen Vorstellungen und Wünschen — das gilt natürlich grundsätzlich — bemalt werden. Auf unserem Musterbild wurden die Plakafarben Rot, Gelb, Grün und Blau verwendet.

Nach dem Trocknen der Farben sollten alle Innenlinien noch einmal mit einem schwarzen Filzstift nachgezogen werden. Anschließend wird die Figur in zwei bis drei Anstrichen mit transparentem Lack überzogen. Die Lackart — Hochglanz, Hochglanz seidenmatt oder matt — bleibt dem individuellen Geschmack überlassen.

Auf die Rückseite des Bildes wird zum Abschluß ein Aufhänger geklebt — und die erste Laubsägearbeit ist beendet.

Anmerkung

In der oben beschriebenen Weise können praktisch alle Figuren und Bilder aus Zeitschriften, Märchenbüchern, fertigen Laubsägevorlagen oder nach eigenen Entwürfen abgepaust, ausgesägt und bemalt werden.

Vogelhäuschen

Benötigtes Material

- Vier Sperrholzplatten, ca. 200 x 280 mm groß und 3—4 mm dick
- Rundstab, 350 mm lang, 12 mm Durchmesser
- Laubsägeblätter (grob)
- Bohrer (3 mm Durchmesser)
- Pauspapier
- Bleistift
- Holzschleifpapier
- Plakafarben oder Acrylfarben nach Wahl
- Lack (farblos)
- Pinsel
- Holzkleber

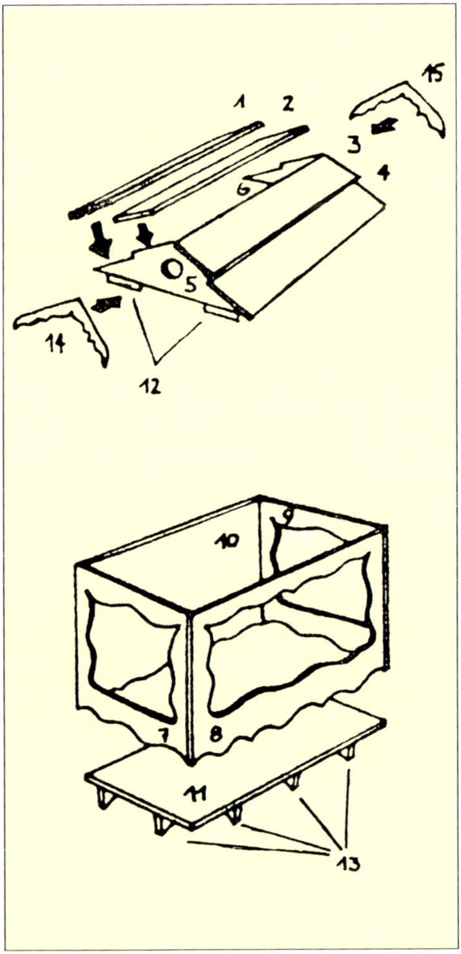

Arbeitsschritte

Im Gegensatz zu den vorher beschriebenen Arbeiten werden bei diesem Futterhäuschen erstmals Einzelteile zusammengesetzt und verleimt. Dabei ist bei den zusammenzuklebenden Teilen auf Winkligkeit und Geradheit zu achten. Gerade Kanten erzielt man, indem man die ausgesägte Seite auf einem flachen, auf dem Tisch liegenden Schleifpapier hin und her bewegt.

Zuerst werden die Teile Nr. 1 bis 15 (vgl. Zeichnung) auf das Sperrholz abgepaust, gebohrt (z.T.) und ausgesägt.

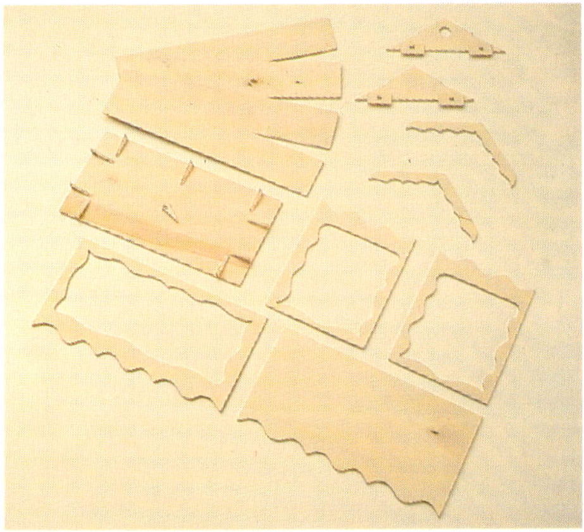

Wie in der Bauskizze angegeben, klebt man die zehn Teile Nr. 13 — mit dem rechten Winkel nach außen — unter die Bodenplatte Nr. 11. Hierbei ist darauf zu achten, daß die Bodenplatte einen festen Stand hat.

An die Bodenplatte werden jetzt die Rückseite Nr. 10, die Seitenteile Nr. 7 und die Vorderseite Nr. 8 geklebt. Beim Zusammenfü-

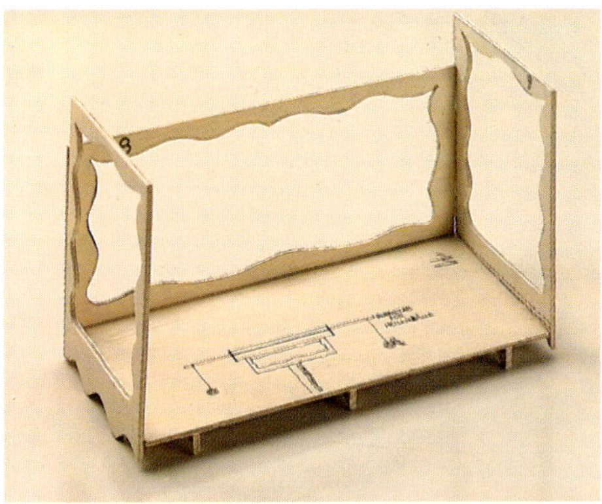

gen der Teile Nr. 7 bis 10 muß darauf geachtet werden, daß all deren verzierende Rundungen mit der Unterkante der Bodenhölzer Nr. 13 abschließen.

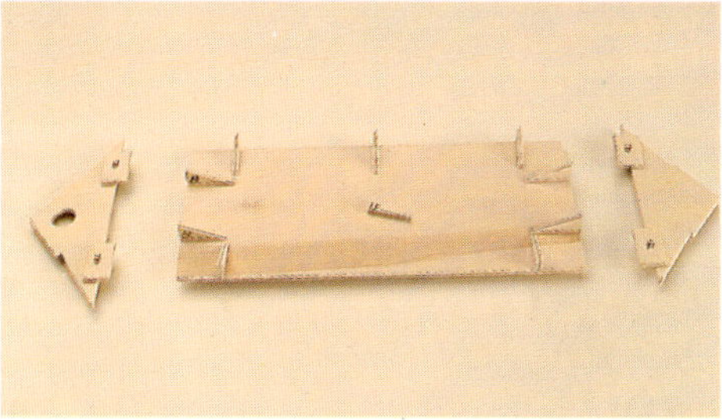

Nun werden die Giebel aufgesetzt. Dazu klebt man je zwei Halteplättchen Nr. 12 — etwa zur Hälfte deckend — an die untere innere Seite der Giebelteile Nr. 5 und 6. Der Rundstab wird durch die Öffnung an den Giebelseiten geschoben, die überstehenden Halteplättchen werden mit den Seitenteilen Nr. 7 und 9 verklebt.

Das Decken des Daches beginnt man mit den Dachflächen Nr. 1 und 4, die in die Aussparungen der Giebel geklebt werden. Den Abschluß bilden die Flächen Nr. 2 und 3, welche im First zusammengeleimt werden.

Als Verzierung werden noch die Winkel Nr. 14 und 15 an die Stirnseiten des Hauses geklebt, und das Vogelhäuschen ist fertig — bis auf die Bemalung, die hinsichtlich der Farbwahl Ihrem Geschmack überlassen bleibt.

Da das Vogelhäuschen ja der Witterung ausgesetzt werden soll, muß es auf jeden Fall mittels mehrerer Farbanstriche gut gegen Feuchtigkeit geschützt werden.

Am besten verwendet man dazu Acryllack, auf den noch ein bis zwei Lagen wetterfesten Klarlacks gestrichen werden.

Hampelmann

Benötigtes Material

- Sperrholzplatte, ca. 140 x 190 mm groß und 3 mm dick
- Laubsägeblätter (grob)
- Bohrer (Durchmesser 1 und 3 mm)
- Pauspapier
- Bleistift
- Holzschleifpapier
- Plakafarben oder Acrylfarben nach Wahl
- Klarlack (farblos)
- Pinsel
- Holzkleber
- Musterbeutelklammern
- Paketschnur

Arbeitsschritte

Zunächst wird die Figur abgepaust bzw. mit Raster vergrößert, gebohrt (z.T.) und ausgesägt. Sodann werden an den mit einem Kreuz gekennzeichneten Stellen ca. 1 mm große, an den mit einem Kreis versehenen Stellen ca. 3 mm große Löcher gebohrt.

Das Bemalen des Hampelmannes sollte mit Plaka- oder Acrylfarben erfolgen. Nach dem Trocknen wird die Figur noch ein- bis zweimal mit Klarlack überpinselt.

Nun werden die Gelenke mit dem Körper durch Musterklammern verbunden, wie man sie zum Verschließen von Pappumschlägen verwendet. Die oberen, mit einem Kreuz versehenen Löcher verbindet man mit einem dünnen Zwirnsfaden miteinander, ebenso die Löcher der Beingelenke.

Nun wird die Zugschnur senkrecht mit der Arm- und Beinschnur verknotet. Durch Ziehen an der Schnur hebt bzw. streckt der Hampelmann Arme und Beine.

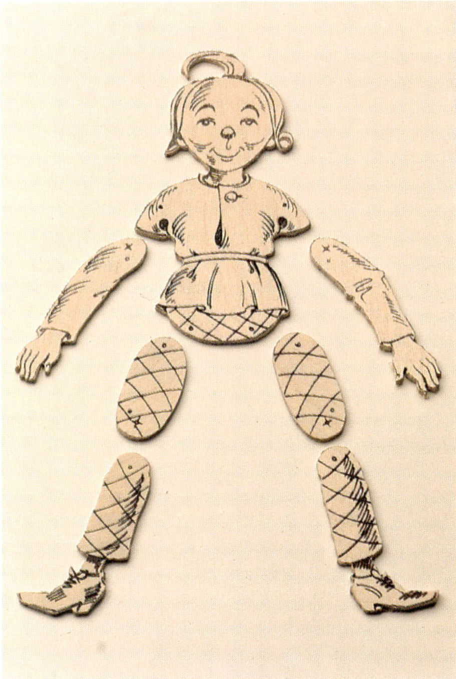

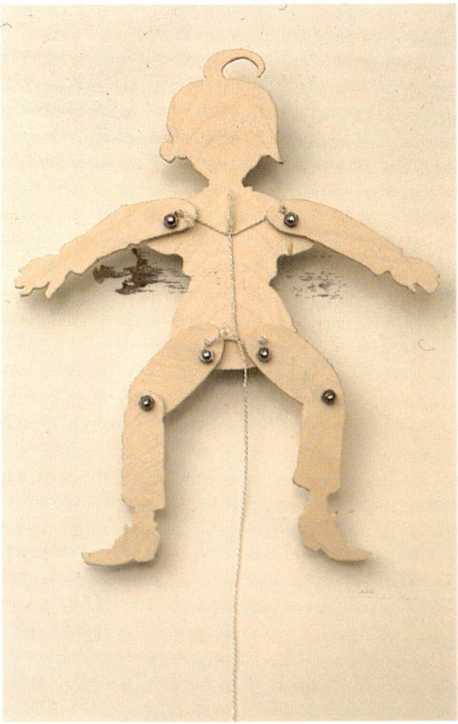

Essig- und Ölhalter

Benötigtes Material

- Zwei Sperrholzplatten, ca. 200 x 280 mm groß und 3 mm stark
- Transparent- oder Pauspapier
- Bleistift
- Sägeblätter (grob)
- Holzschleifpapier
- Plaka- oder Acrylfarben nach Wahl
- Lack (farblos)
- Leim

Arbeitsschritte

Bei dieser nicht minder nützlichen Bastelei werden beide Wolken ausgesägt, angemalt und lackiert. Zwei Abstandhalter aus 3 mm starkem Sperrholz leimt man zwischen beide Wolken. Breite und Länge der Abstandhalter sind von der Größe der Essig- und Ölflaschen abhängig, die das Bord aufnehmen soll.

Filtertütenkasten mit Küchentuchhalter

Benötigtes Material

- Zwei Sperrholzplatten, ca. 200 x 280 mm groß und 3 mm stark
- Transparent- oder Pauspapier
- Bleistift
- Sägeblätter (grob)
- Holzschleifpapier
- Plaka- oder Acrylfarben
- Lack (farblos)
- Leim

Arbeitsschritte

Auch bei dieser Bastelarbeit werden beide Wolken ausgesägt, angemalt und lackiert.

Zwei Abstandhalter aus 3 mm starkem Sperrholz, ca. 30 mm breit, werden zwischen beide Wolken geleimt. Die Position der Abstandhalter richtet sich wiederum nach der Größe der Filtertüten.

Scherenschnitt »Holländische Windmühle«

(s. S. 20)

Benötigtes Material

- Sperrholzplatte, ca. 180 x 210 mm groß und 1,5—2 mm stark
- Transparent- oder Pauspapier
- Bleistift
- Bohrer (Durchmesser 1 und 3 mm)
- Sägeblätter (mittelfein und fein)
- Holzschleifpapier
- Plaka- oder Acrylfarben nach Wahl
- Lack (farblos)
- Textilaufhänger

Arbeitsschritte

Scherenschnittartige Laubsägearbeiten wie diese müssen aus einwandfreiem Sperrholz hergestellt werden, da solche Objekte wegen der relativ großen Durchbrüche keine Quersteifigkeit besitzen und sich daher sehr leicht verziehen können. Man verwendet bei Scherenschnitten Sperrholz für den Flugzeugmodellbau, am besten Balsaholz.

Die Arbeitsanleitung für diesen Scherenschnitt finden Sie auf der vorangegangenen Seite.

Scherenschnitt »Brüderchen und Schwesterchen«

Benötigtes Material

- Sperrholzplatte, ca. 180 x 210 mm groß und 1,5 mm stark
- Transparent- oder Pauspapier
- Bleistift
- Bohrer (Durchmesser 1 und 3 mm)
- Sägeblätter (mittelfein und fein)
- Holzschleifpapier
- Plaka- oder Acrylfarben nach Wahl
- Lack (farblos)
- Textilaufhänger

Arbeitsschritte

Diese Märchenvorlage ist durch das Fehlen eines Rahmens und wegen ihres filigranartigen Aufbaus sehr schwierig auszusägen und anschließend zu schleifen.

Man sollte beim Sägen dieses Motives unbedingt darauf achten, genau an den Linien bzw. Konturen entlangzuschneiden, da sonst unter Umständen die feinen Holzstege leicht ausbrechen.

Märchenlaterne

Benötigtes Material

- Vier Sperrholzplatten, ca. 190 x 280 mm groß und 1,5—2 mm stark
- Zwei Sperrholzplatten, ca. 190 x 190 mm groß und 3 mm stark
- Transparent- oder Pauspapier
- Bleistift
- Bohrer (Durchmesser 0,8, 1,5 und 3 mm)
- Sägeblätter (grob, mittelfein und fein)
- Holzschleifpapier
- Plaka- oder Acrylfarben nach Wahl
- Lack (farblos)
- Leim

Arbeitsschritte

Die Märchenlaterne ist zwar dank der Laschen an den Kanten der Flächen leicht zusammenzubauen, aber sehr schwierig auszusägen, da wegen der kleinen Durchbrüche äußerst dünne Bohrer und Sägeblätter verwendet werden müssen.

Zum Bohren der Löcher verwendet man am zweckmäßigsten eine Kleinbohrmaschine (Hobbydrill), oder man schlägt eine sehr dünne Stahlnadel durch das Sperrholz.

Zum Aussägen der kleinen Durchbrüche verwendet man feine Sägeblätter. Wenn größere Durchbrüche oder lange Schnittkanten ausgesägt werden, können normale Sägeblätter benutzt werden.

Die fertig zusammengeleimte Laterne kann man von innen mit Seidenpapier (Transparentpapier) bekleben und dann mit einer kleinen Glühbirne beleuchten.

Für Boden und Decke der Laterne werden 3 mm dicke Sperrholzplatten gewählt, deren vier Seiten der Kantenlänge der Seitenteile + 3 bis 4 mm entsprechen. Sie werden unten und oben an die Seitenteile geklebt. Die Bodenplatte kann vorher noch mit einer Batterie und einer kleinen Glühbirne bestückt werden.

An allen vier oberen Ecken oder in der Mitte der Deckplatte werden Kordeln angebracht, und die Laterne kann nunmehr an der Zimmerdecke oder an einem Rundstab aufgehängt werden.

Bei Bestückung der Laterne mit einer Kerze entfällt die Deckplatte. Es sei aber auf die relativ große Brandgefahr hingewiesen.

Weihnachtskrippe

Benötigtes Material

- Sperrholzplatten:
  Zwei Dachflächen, ca. 500 x 205 mm groß und 3 mm stark
  Zwei Seitenwände, ca. 300 x 257 mm groß und 3 mm stark
  Eine Rückwand, ca. 444 x 160 mm groß und 3 mm stark
  Zwei Fensterverblendungen — Vorderseite, ca. 27 x 160 mm groß und 3 mm stark
  Zwei Fensterverblendungen — Seitenwände, ca. 60 x 68 mm groß und 3 mm stark
  Zwei Fensterverblendungen-Rückwand, ca. 60 x 37 mm groß und 3 mm stark
- Vierkantstäbe, 10 x 10 mm, ca. 3 m lang
- Neun Holzkeile, ca. 80 x 26 mm x 10 mm
- Strohhalme (naturfarben), ca. 220 mm lang (ca. 500 Stück)
- Bleistift
- Transparent- oder Pauspapier
- Bohrer (Durchmesser 3 mm)
- Sägeblätter (grob und mittelfein)
- Holzschleifpapier
- Leim
- Plaka- oder Acrylfarben nach Wahl, farbloser Lack
  (Alternativ mit Feuer oder Gas flammen)
- Nägel, ca. 15 mm lang

Arbeitsschritte

Auf dem Bauplan am Ende dieses Buches findet man alle erforderlichen Details im Maßstab 1:1, so daß es gewiß nicht schwerfällt, die einzelnen Zeichnungen auf das Sperrholz zu übertragen.

Man muß sich darüber im klaren sein, daß eine Weihnachtskrippe immer nur Beiwerk ist, die Hauptsachen die Figuren sind. Nach deren Größe richtet sich der Maßstab des Krippenhauses. Man rechnet etwa das Anderthalbfache der Figurenhöhe für die Wandhöhe. Bei 10 cm großen Figuren sollte die Wand also etwa 15 cm hoch sein.

Die Breite des Krippenhauses müßte rund 30 cm, die Länge ungefähr 45 cm betragen.

Die Giebelhöhe ist bei obengenanntem Bauplan etwa 23 cm. Das Dach sollte an jeder Seite am Giebel rund 2,5 cm überstehen, so daß die gesamte Länge des Firstes gut 50 cm beträgt.

Da ein Krippenhaus nach vorn hin offen sein sollte, werden nur die Rückseite, die beiden Seitenteile bis zum Giebel, beide Dachflächen und zwei 3 cm breite Verblendungen, die an der Vorderseite des Hauses angebracht werden, aus Sperrholz ausgesägt.

Weil eine Krippe keinerlei Beanspruchung ausgesetzt ist, genügt es durchaus, 3 mm dickes Sperrholz zu verarbeiten.

In allen vier Ecken wird zur Stabilisierung ein ca. 10 x 10 mm breiter und 15 cm langer Vierkantprofilstab angeleimt. Auf der Planskizze des Krippenhauses wird der Neigungswinkel der Dachflächen abgegriffen.

Zur Unterstützung des Firstes werden im Abstand von jeweils etwa 5 cm kleine Holzkeile mit dem Neigungswinkel geklebt.

Diese einfache Dachkonstruktion wird beidseitig ca. 2 cm überstehend auf die Giebel geleimt.

Da eine Krippe eher einer alten Scheune als einem modernen Gebäude ähneln sollte, wird das Dach mit Stroh gedeckt. Vorher sollte das ganze Haus angestrichen oder mit einer offenen Flamme geflämmt (abgesengt) und anschließend lackiert werden.

Das Stroh wird nun in etwa 5 cm lange Stücke geschnitten und einzeln oder gebündelt auf die Dachflächen geklebt, wobei man von unten nach oben in mehreren Lagen deckt.

Schließlich kann man das Krippenhaus auf eine Platte stellen, mit Hilfe von Moosen und Zweigen in eine reizvolle Umgebung einbetten und auch den Innenraum ausschmücken.

Weihnachts-pyramide

Vorbemerkung

Als Krönung der vorangegangenen Laubsägearbeiten kann der Bau dieser Weihnachtspyramide gelten.

Derartige Pyramiden haben ihren Ursprung im Erzgebirge und sollen auf ihren Drehtellern den Tanz der Heiligen, der Engel und der Tiere um die Krippe im Stall von Bethlehem darstellen.

Der Bau einer Weihnachtspyramide verlangt nicht nur viel Geduld beim Laubsägen, sondern auch ein wenig technisches Geschick, da hier zum ersten Mal Bewegung im Spiel ist.

Das Flügelrad ist der »Motor«; es wird durch die von den brennenden Wachskerzen aufsteigende Warmluft in Drehbewegung versetzt. Diese Bewegung wird über eine senkrecht stehende Achse auf drei kreisrunde Figurenteller übertragen. Da der »Warmluftmotor« nicht sehr viel Kraft entwickelt, muß die Achse möglichst ohne Reibungswiderstand — d. h. in unserem Fall punktförmig — gelagert sein.

Benötigtes Material

1. Teile zum Aussägen

Teil Nr.	Bezeichnung	Material	Bedarf für 1 Stück	Stückzahl
1	Sockelplatte	Sperrholz	390 x 450 x 10 mm	1
2	Sockelplatte	Sperrholz	358 x 414 x 10 mm	1
3	Sockelplatte	Sperrholz	326 x 376 x 10 mm	1
4	Sockelplatte	Sperrholz	294 x 340 x 10 mm	1
5	Decke I	Sperrholz	245 x 284 x 10 mm	1
6	Decke II	Sperrholz	205 x 238 x 10 mm	1
7	Decke III	Sperrholz	162 x 186 x 10 mm	1
8	Dachplattenunterteil	Sperrholz	75 x 87 x 5 mm	1
	Dachplattenoberteil	Sperrholz	65 x 76 x 5 mm	1
9	Wandelement I	Sperrholz	121 x 240 x 3 mm	6
10	Wandelement II	Sperrholz	98 x 204 x 3 mm	6
11	Wandelement III	Sperrholz	82 x 178 x 3 mm	6
12	Dachelement	Sperrholz	135 x 70 x 30 x 3 mm	6
13	Zaunelement I	Sperrholz	160 x 70 x 3 mm	6
14	Zaunelement II	Sperrholz	132 x 44 x 3 mm	6
15	Zaunelement III	Sperrholz	109 x 40 x 3 mm	6
16	Zaunelement IV	Sperrholz	88 x 20 x 3 mm	6
17	Dachzaun	Sperrholz	36 x 18 x 3 mm	6
18	Ausleger für Kerzenhalter	Sperrholz	50 x 36 x 3 mm	6
19	Flügel	Sperrholz	220 x 110 x 30 x 3 mm	16
20	Quadratleiste	Hartholz	4 x 4 x 200 mm	16
21	Wandverbinder I	Hartholz	Profilleiste x 241 mm	6
22	Wandverbinder II	Hartholz	Profilleiste x 205 mm	6
23	Wandverbinder III	Hartholz	Profilleiste x 179 mm	6
24	Dachverbinder	Hartholz	Profilleiste x 143 mm	6
25	Drehteller I	Sperrholz	200 ∅ x 3 mm	1
26	Drehteller II	Sperrholz	170 ∅ x 3 mm	1
27	Drehteller III	Sperrholz	125 ∅ x 3 mm	1

2. Teile zum Kaufen und Nacharbeiten

28	Kerzenaufnahme und Tropfenfänger	Hartholz	ca. 50 mm ∅	6
29	Nabe für Flügel	Hartholz	ca. 56 mm ∅	1
30	Lagerscheibe	Messingblech	ca. 50 ∅ x 2 mm	1
31	Stellring nach DIN 705 A	Stahl	6 mm ∅	3
32	Welle nach DIN 668	Stahl	6 mm ∅ x 900 mm	1

3. Werkzeuge und Hilfsmaterial

- Sägeblätter (grob und mittelfein)
- Bohrer (Durchmesser 1, 2, 3, 4 und 6 mm)
- Pauspapier
- Bleistift
- Holzschleifpapier
- Lack (farblos)
- Pinsel
- Holzleim
- Holzkitt (evtl.)
- Nägel (Durchmesser ca. 1 mm, Länge 15 mm)
- Kleinfeile

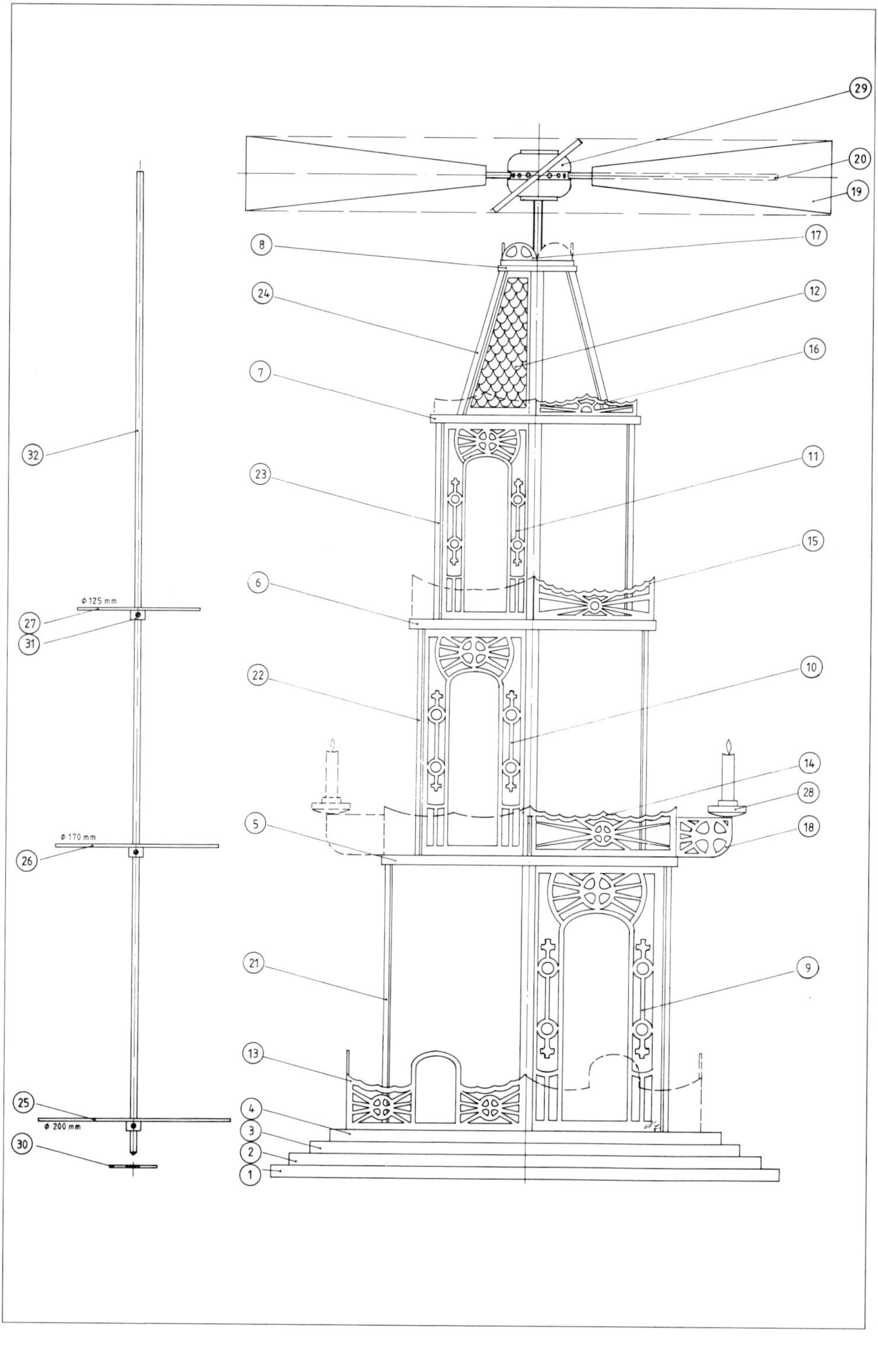

29
20
19
8
17
24
12
7
16
32
23
11
15
6
ø 125 mm
27
31
22
10
14
28
5
18
ø 170 mm
26
21
9
13
25
ø 200 mm
4
3
2
1
30

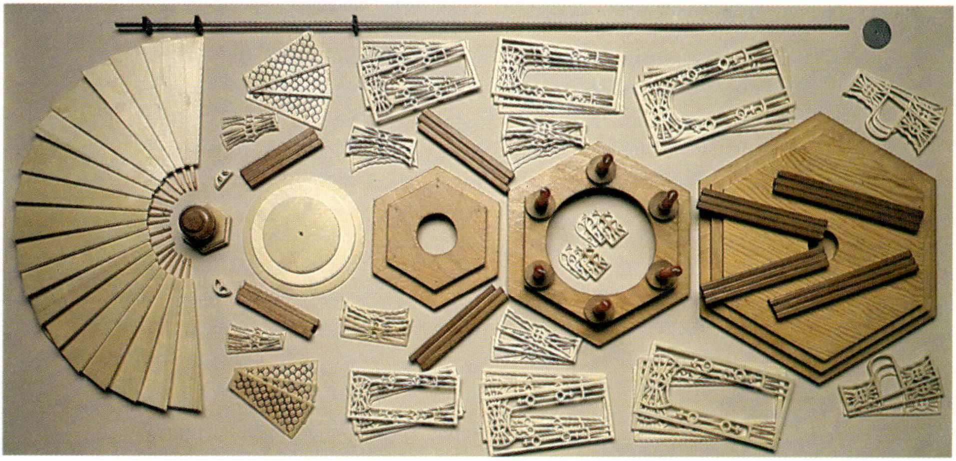

Arbeitsschritte

Die abgepausten Sperrholzplatten werden gebohrt und ausgesägt. Beim Sägen ist unbedingt darauf zu achten, daß die auszusägende Sperrholzplatte fest auf dem Sägetisch ruht, da sonst die Filigranteile der Wände und Zäune sehr schnell brechen. Eventuell doch ausgebrochene Furnierteile der Sperrholzplatte können mit Holzkitt repariert und anschließend abgeschliffen werden.

Auf den Sockel Nr. 4 zieht man, bevor man mit dem Aussägen des inneren Kreises beginnt, einen Kreis mit einem Radius von 128,5 mm. Nun zieht man Verbindungslinien von den sechs äußeren Ecken zum Mittelpunkt. An den sechs Schnittpunkten des Kreises werden mit einem 1-mm-Bohrer Löcher gebohrt. Diese Löcher sorgen später für die Zentrierung der Eckleisten.

Einen Kreis mit dem gleichen Radius (128,5 mm) schlägt man auf dem Etagensockel Nr. 5 und bohrt ebenfalls die sechs Löcher. Zusätzlich zieht man aber noch einen Kreis mit einem Radius von 105,5 mm und verbohrt auch diesen.

Auf dem Etagensockel Nr. 6 werden zwei Kreise mit den Radien 105,5 mm und 89 mm, auf dem Etagensockel Nr. 7 zwei Kreise mit den Radien 89 mm und 78 mm gezogen. In ihren Schnittpunkten werden wiederum 1-mm-Löcher gebohrt. Auf dem Dachsockel Nr. 8 wird nun ein Kreis mit dem Radius 37mm geschlagen. Dann erfolgen die entsprechenden Bohrungen.

Wenn nun alle Teile ausgesägt sind, werden die Teile Nr. 1, 2 und 3 miteinander verleimt. Im Anschluß daran werden sämtliche Teile zweimal mit Klarlack lackiert. Nun kann man mit dem Zusammenbau der Weihnachtspyramide beginnen.

In die Sockelplatten Nr. 1 bis 3 wird das Achsenlager aus Messing eingelegt. In Teil Nr. 4 werden in die sechs Löcher ca. 1,2 mm dicke und 10 mm lange Nägel gesteckt. Dieses Bauteil wird nun, mit den Nagelspitzen nach oben, mit Teil Nr. 3 verleimt.

Die sechs Eckleisten, die ebenfalls mit einem 1-mm-Bohrer vorgebohrt wurden, werden auf die Nagelspitzen gesetzt und mit Teil Nr. 4 verleimt.

In die Schlitze der Eckleisten können jetzt die Wände der ersten Etage von oben eingeschoben werden.

Nun wird die Mittelachse mit den drei Drehtellern eingesetzt, wobei die Oberkante des unteren Tellers mit Oberkante der Sockelplatte Nr. 4 abschließen sollte. In den Etagensockel Nr. 5 werden sechs Nägel in den äußeren Kreisring mit der Spitze nach unten und sechs Nägel in den inneren Ring mit der Spitze nach oben geschlagen. Der Etagensockel kann jetzt auf die Eckleisten aufgesetzt, vernagelt und verleimt werden. Die Oberkante des zweiten Drehtellers wird jetzt mit der des Etagensockels ausgerichtet. Bei den Etagenplatten Nr. 6 und 7 erfolgt der Zusammenbau in gleicher Weise wie bei Platte Nr. 5.

Im Gegensatz zu den Eckleisten der einzelnen Etagen, die genau senkrecht auf den Etagensockeln stehen, müssen die Eckleisten der Dachkonstruktion stumpfwinklig aufgesetzt werden. Der Neigungswinkel beträgt ca. 15°.

Nachdem die Flächen des Daches eingesetzt sind, wird das Unterteil der Dachplatte Nr. 8 mit den abgeschrägten Eckleisten vernagelt und verleimt. Das Oberteil der Dachplatte wird nun mit dem Unterteil verbunden.

Jetzt werden die Zäune und die Dachverzierungen an der Pyramide angebracht. An den sechs Ecken des Zaunelements Nr. 14 können nun die Ausleger für Kerzenhalter, Tropfenfänger und Kerzenaufnahme aufgeleimt werden.

Auf alle 16 Flügelblätter werden jetzt die Flügelleisten geklebt. Sie sollten auf einer Länge von etwa 150 mm auf den Flügelblättern kleben und 50 mm überstehen.

In die (in einem Bastlergeschäft gekaufte) Flügelaufnahme wird in der senkrechten Ebene ein Loch von 6 mm, in der waagrechten Ebene werden im gleichen Abstand 16 Löcher mit einem Durchmesser von 4 mm (ca. 15 mm tief) gebohrt. Die Flügelleisten werden in die Flügelaufnahme eingepaßt.

Auf die Drehteller können jetzt Engel- oder Heiligenfiguren gestellt werden. In die Kerzenhalter werden rote Kerzen eingesetzt und angezündet. Das Flügelrad und die Drehteller beginnen sich zu drehen. Es ist aber unbedingt darauf zu achten, daß das Flügelrad nie stehenbleibt, solange noch eine Kerze brennt. Ansonsten besteht akute Brandgefahr.

Aber diese leider unerläßliche Mahnung sollte die Freude an Ihrem Meisterwerk nicht trüben!

1. Die erste Ebene wird zusammengefügt.

2. Der Aufbau der ersten Ebene ist abgeschlossen.

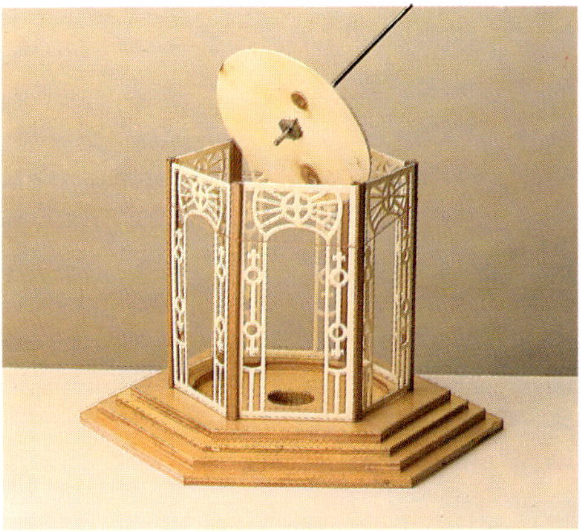

3. Die Mittelachse mit den Drehtellern wird eingesetzt.

4. Die zweite Ebene wird aufgebaut.

5. Der Aufbau der dritten Ebene erfolgt.

6. Die Dachkonstruktion wird zusammengefügt.

7. Die Zaunelemente werden angeleimt.